HISTOIRE

DU

ROYAUME DES LANTERNES

MISE EN LUMIÈRE PAR UN BEC DE GAZ

et racontée

PAR NAIF

ARRIÈRE-PETIT-COUSIN DE CANDIDE.

Prix

PARIS.

EN VENTE CHEZ PAULIER, LIBRAIRE,

4, GALERIE DE L'ODÉON.

ET CHEZ TOUS LES LIBRAIRES DE FRANCE.

HISTOIRE

DU

ROYAUME DES LANTERNES.

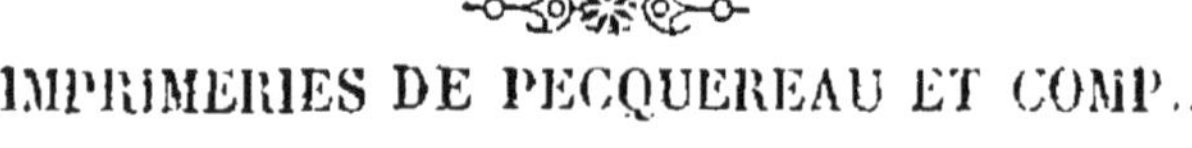

IMPRIMERIES DE PECQUEREAU ET COMP.,

58, RUE DE LA HARPE.

HISTOIRE

DU

ROYAUME DES LANTERNES

MISE EN LUMIÈRE PAR UN BEC DE GAZ

ET RACONTÉE

PAR NAIF

ARRIÈRE-PETIT-COUSIN DE CANDIDE.

Dédié aux électeurs.

Armes parlantes.

PARIS

EN VENTE CHEZ PAULIER, LIBRAIRE,

7, GALERIE DE L'ODÉON.

Et chez tous les libraires de France.

HISTOIRE

DU

ROYAUME DES LANTERNES.

CHAPITRE PREMIER.

HISTOIRE DU ROYAUME DES LANTERNES.

Le royaume des Lanternes est le plus grand royaume inconnu d'une sixième partie du monde dont par malheur j'ai oublié le nom. Il fut, pendant plusieurs siècles, gouverné par des rois absolus qui, ne pouvant guère prouver que leur pouvoir leur venait de la volonté du peuple, imaginèrent de régner par le droit divin. Dieu demeurait trop haut pour leur donner un démenti, aussi cette innocente supercherie leur réussit-elle pendant longtemps.

Les habitants du royaume des Lanternes se disaient les hommes les plus éclairés du globe, ils étaient et sont encore vaillants, spirituels, grands bavards et infiniment trop crédules.

Ils étaient divisés en plusieurs classes: les mandarins de premier ordre ou grands seigneurs; les mandarins de deuxième ordre, c'est-à-dire la noblesse; les bourgeois, c'est-à-dire ceux qui se croisaient les bras dans leurs maisons ou qui trafiquaient dans leurs boutiques; et enfin le même peuple qui, par son travail, nourrissait le roi, les grands seigneurs, les nobles, les bourgeois et les trafiquants, mais qui, en compensation, mourait de faim.

Le même peuple avait encore le droit de se faire tuer dans des combats suscités par l'ambition des rois ou les querelles des nobles, comme ces derniers avaient le privilége d'être décapités à la suite de leurs révoltes, quand ils n'étaient pas les plus forts; le peuple avait le droit d'être pendu, car dans cet heureux temps les *vilains* étaient *gens de sac et de corde*.

Cependant de temps à autre le peuple levait la tête, et les bourgeois, gens très-égoïstes, criaient très-fort toutes les fois que l'on les écorchait à force de dîmes et de tailles. Les rois, qui étaient jaloux du pouvoir des grands seigneurs et de la noblesse, se servaient habilement du peuple pour accaparer le pouvoir.

Un homme rouge, qui était le lampion, c'est-à-dire le ministre du roi Simple

XIII, frappa la noblesse à la tête; son successeur, qui était un rusé compère, la frappa au cœur en l'humiliant, et se moqua du peuple qui le chansonnait, en disant : *Ils chantent, mais ils paieront.* Après lui vint le roi SOLEIL XIV. Celui-ci gouverna avec un fouet et remplit de gloire le royaume des Lanternes; sous son règne le peuple avait beau faire, toujours on le tondait, et grâce à des hommes de génie qui gouvernaient et se battaient pour lui, il obtint le surnom de GRAND; les arts et les lettres, qu'il encourageait, jetèrent aussi un vif éclat sur son règne.

Enfin SOLEIL XIV mourut et laissa sa couronne à un enfant de six ans. Le DUC DE LACHETÉ conquit la régence que les bâtards du feu roi lui disputaient. Il se servit de son pouvoir pour corrompre les mœurs du peuple et pour déshonorer son pays par des traités infâmes; puis, le royal moutard étant devenu majeur, il lui rendit un pouvoir qu'il avait appris à faire mépriser, et le jeune roi régna sous le nom de Simple XV. Quand je dis qu'il régna, je ne veux pas dire qu'il gouverna, car il fut tour à tour placé sous la tutelle de ses maîtresses, connues sous les noms de Cotillon Ier, Cotillon II et Cotillon III. Sous son règne, le peuple, qui était de plus en plus écrasé par les impôts, commença à murmurer; une armée d'écrivains combattit en sa faveur, et l'insolence de la noblesse ne contribua pas médiocrement à réveiller les habitants du royaume des Lanternes de leur funeste sommeil.

A cette époque, la vertu des grandes dames était un problème, ce qui fit que les grands seigneurs, ne pouvant la trouver dans leur caste, la cherchèrent et la flétrirent chez les filles du peuple. Un mari faisait-il ombrage? grâce à un ministre complaisant on mettait le fâcheux dans une maison crénelée, bien gardée et bien verrouillée; si le mari incommode était simplement un *vilain*, on le faisait rouer de coups de bâton; c'était un bien heureux temps! Mais si la noblesse chassait sur les terres du peuple, elle ne permettait guère que l'on chassât sur les siennes, et l'homme qui tuait un lièvre dans la propriété d'un *mandarin* était pendu haut et court, sans autre forme de procès; c'était un bien heureux temps! Hélas! il ne pouvait durer. Après la mort du roi SIMPLE XV. Le roi SIMPLE XVI monta sur le trône; c'était un bon homme de roi qui n'entendait rien à son métier. En France, il aurait été le modèle des bourgeois de la rue Saint-Denis, mais sur le trône du royaume des Lanternes, il était complètement déplacé. Comme le peuple criait fort, il parut vouloir faire son bonheur, mais les *brames* (prêtres du pays) et les *mandarins* y mettaient bon ordre. Ajoutez à cela que son cousin LA-CHETÉ, homme de boue qui avait tous les vices, mais qui était très-riche, répandit l'or à profusion pour le faire choir et régner à sa place ; à force de bassesses il avait fait croire au peuple qu'il était son ami, puis il contribua à faire périr son pauvre cousin ; mais il expia bientôt son crime et lui succéda non sur le trône, mais sur l'échafaud.

Quand le peuple n'eut plus de roi, il eut un instant de folie furieuse. Après avoir été esclave pendant treize cents ans, il se plongea dans l'ivresse de la liberté ; un nuage de sang couvrit alors le pays, et dans cet ouragan la noblesse disparut emportée par l'ouragan révolutionnaire.

Privé, c'est-à-dire débarrassé de ses rois et de ses nobles, le peuple proclama la *République*, c'est-à-dire le gouvernement de tous; mais comme chacun parlait un langage différent, on ne put s'entendre, et des soi-disants législateurs firent tomber les têtes de leurs adversaires pour les réduire au silence. Cependant une liberté plus sage et plus modérée allait régner lorsqu'un homme apparut; tout plia sous sa volonté de fer, son épée soumit tous les peuples; il ceignit la couronne et remplit le monde de sa gloire, puis il tomba tout à coup et l'univers entier fut ébranlé par sa chute.

CHAPITRE II.

LES MIRMIDONS.

Le royaume de Britanniskan avait toujours été l'ennemi du royaume des Lanternes, qu'il combattait, comme autrefois Carthage combattit Rome, par la ruse et la trahison. Grâce aux lâches intrigues des Britanniskans, tout un monde se réunit contre le royaume des Lanternes; le colosse qui tenait son pied sur le bandeau des rois se vit bientôt assailli par une quantité innombrable de mirmidons couronnés. Il les battit longtemps et même il allait triompher du duc de *Villainton*,

général des Britanniskans, quand de nou-
veaux ennemis lui arrachèrent la victoire.
Sans les traîtres qui l'abandonnèrent et qui
livrèrent Lanternia, capitale du royaume,
le colosse ne serait pas tombé; mais son
heure était venue, et les Britanniskans,
auxquels il demandait un asile, lui don-
nèrent un rocher et un geôlier.

Les rejetons de Simple XVI voyant
un trône vide, sortirent des fourgons de
leurs amis les ennemis et continuèrent de
plus belle à chanter sur tous les tons leur
royauté par la grâce de Dieu. Le roi
Simple-Finot XVIII vit bien cependant
que les temps étaient changés, c'est pourquoi il assembla son conseil et, pour gou-
verner plus despotiquement, inventa la
Pancarte, lumineuse invention britanniskane dont il se trouva parfaitement bien.

CHAPITRE III.

LE CONSEIL.

Personnages. — Simple Finot XVIII. — Ruzard, prince de Paravent. — Cizot. — Catacoua. — Un grand mandarin. — Le duc des Bases. — Ailes-de-Pigeon.

SIMPLE-FINOT.

Messieurs, le droit divin a triomphé; par la grâce de Dieu, je suis redevenu roi des Lanternes, et je remonte sur le trône de mes pères avec le généreux appui de nos amis les ennemis.

CATACOUA.

Vive le droit divin, les dîmes et les corvées!

SIMPLE-FINOT.

Je sais, Messieurs, que les habitants de

mon royaume sont très-éclairés, tellement éclairés qu'ils en sont devenus presque aveugles. Cependant, comme je veux mon bonheur et celui de mon peuple, je désire lui rendre la liberté qu'il a perdue sous le règne de l'*ogre-usurpateur*, c'est pourquoi j'invente la Pancarte.

UN GRAND MANDARIN.

Qu'est-ce que la Pancarte?

RUZARD.

Le mirage de la liberté, le mensonge des rois.

SIMPLE-FINOT.

Oui, Ruzard, c'est cela, vous m'avez compris; arrière l'absolutisme, je veux être le restaurateur de ma dynastie et de la liberté de mon pays.

LE DUC DES BAZES (à part).

Quel langage, bon Dieu! le *Désiré* serait-il devenu révolutionnaire?

SIMPLE-FINOT.

Tout cela est de la blague, et comme je ne parle pas à mon bon peuple, je n'ai pas besoin de mentir. Je veux être plus absolu et plus despote que tous mes prédécesseurs; Soleil XIV était un républicain à mes côtés; car... je me fais... roi *constitutionnel.*

CATACOUA (à part).

Je n'y comprends rien.

RUZARD.

C'est admirable !

SIMPLE-FINOT.

Je donne une Pancarte à mon peuple.

RUZARD.

C'est sublime !

SIMPLE-FINOT.

Et je mets en tête :

TOUS LES LANTERNÉS SONT ÉGAUX DEVANT LA LOI.

Je veux que tout le monde ait le droit d'exprimer son opinion.

LE GRAND MANDARIN (à part).

Sa majesté n'a plus sa tête.

SIMPLE-FINOT.

J'établis la *pondération* des pouvoirs.

RUZARD.

Oh ! que le mot est joli.

SIMPLE-FINOT.

J'établis deux chambres, l'une composée des anciens valets de l'*ogre-usurpateur* et de mes amis, et l'autre des soi-disants représentants du peuple. J'intitulerai la première *Chambre des vieux magots*, j'y placerai toutes les machines usées, j'en ferai un *ossuaire*. Vous, Catacoua, et vous, Ailes-de-Pigeon, vous en ferez partie; cette chambre aura le droit de se constituer en cour de justice, elle me servira de hache et de billot. Quand à la seconde, elle sera composée des élus du peuple, c'est-à-dire du monopole. Grâce à certains moyens, je suis certain qu'elle sera tout entière à ma dévotion; je veux même qu'il y ait un peu d'opposition. Cette seconde chambre me sera très-utile pour voter l'impôt et me donner des moyens de corruption que, roi absolu, je ne pourrai jamais obtenir.

RUZARD.

Bravo! c'est charmant.

SIMPLE-FINOT.

Vous n'êtes pas au bout. Pour satisfaire mes amis les ennemis, je veux faire condamner quelques mandarins militaires de l'*usurpateur*. Catacoua, et vous, Ailes-de-Pigeon, je compte sur votre dévouement et sur celui de la noble chambre.

CATACOUA ET AILES-DE-PIGEON.

Elle obéira avec bonheur, sire.

SIMPLE-FINOT.

J'y compte bien. Pour terminer, Messieurs, les *lampions* de l'État sont seuls responsables, ce qui fait que, grâce à mon titre de roi constitutionnel, j'ai la chambre des vieux magots qui est à moi comme vos âmes sont au diable; je ne parle pas de la vôtre, prince de Paravent, tout me porte à croire que vous n'en avez pas, c'est pourquoi je vous nomme mon acrobate (en français, diplomate) auprès des cours étrangères. Je compte sur votre zèle et sur l'adresse de votre langage.

RUZARD.

Sire, la parole a été donnée à l'homme pour déguiser sa pensée.

CIZOT.

Mais, sire, si vous permettez de tout dire, que ne se permettra-t-on pas?

SIMPLE-FINOT.

Vous serez à la censure, Cizot, et vous ferez votre métier.

CIZOT.

Avec bonheur, avec amour, car il faut être impopulaire, et j'enverrai partout des ordres impitoyables.

SIMPLE-FINOT.

Maintenant, Messieurs, la séance est levée. (*Feignant l'attendrissement.*) Je me sacrifie au bonheur de mon peuple, le trône sera désormais inébranlable étant appuyé sur l'amour du peuple, le patriotisme, la liberté et l'ordre public.

TOUS.

Amen.

CHAPITRE IV.

LES ÉTEIGNOIRS.

Ce qu'avait prédit le vieux SIMPLE-FINOT XVIII s'accomplit de point en point; c'était un grand politique que SIMPLE-FINOT. Plusieurs mandarins militaires étaient morts; le père de la Pancarte avait été voir le père éternel, et NEMROD X régnait à moitié caché sous les vêtements religieux des brames, qui étaient les jésuites de ce pays-là.

Dans les mains de Cizot, la censure fit merveille. Cependant les brames, se mêlant des affaires de l'État, firent des brioches; le vieux Nemrod, ennuyé de lire quelques carrés de papier à moitié blanchis, voulut employer la force où la ruse seule était nécessaire; le prince *Escobard* profita de la circonstance, cria vive la Pancarte, qui était attaquée par Nemrod, et parvint à faire chasser le roi chasseur.

CHAPITRE V.

Le peuple, qui se croyait très-fin, se souleva pour un morceau de papier noirci qui ne disait pas un mot de vérité. Tout le monde voulut sauver le royaume des Lanternes du joug étouffant des éteignoirs.

Les citoyens, héroïques jobards, coururent aux armes; le désirs de voir du nouveau et de changer un peu les affaires fit courir les curieux; les ambitieux se placèrent derrière ceux qui se battaient par dévouement; les derniers aux combats, ils furent les premiers à la curée.

Le prince ESCOBARD recueillait le fruit de ses intrigues. Après avoir jadis déserté l'armée des citoyens du royaume des Lanternes, après avoir demandé à l'étranger du service contre son pays, il avait affiché le plus grand patriotisme, il avait allumé à son profit ceux qui se croyaient les flambeaux du peuple. Plus habile que l'infâme LACHETÉ, il avait trompé tout le monde et jouissait de son triomphe. Prenant exemple sur SIMPLE-FINOT, il avait fait aussi sa petite Pancarte, et quand le *Mystificateur des deux mondes* le présenta au peuple, il le serra dans ses bras, fit voltiger son chapeau de droite à gauche et de gauche à droite, porta la main sur son cœur, fit un discours en *que charabia sentimentalico-politico-tartuffe*, prit les conseils du vieux Ruzard, conserva toutes les vieilles machines et donna des poignées de mains à tous ceux qui, noirs de poudre, avaient combattu pour lui dans les journées des dupes.

CHAPITRE VI.

Un mois avant la chute du vieux Nemrod X, le jeune NAÏF fut jeté par un naufrage sur les côtes du royaume des Lanternes. Quand il arriva dans la ville de Lanternia, son enthousiasme fut au comble, il était enfin dans un *Eldorado* renommé pour ses lumières.

Il admira tout, les monuments, les théâtres, les femmes, les chevaux, les poètes échevelés et les grands hommes du *jour*, car à Lanternia les grands hommes comme les fleurs ne durent qu'un matin.

Il trouva que le peuple lanternien était très-aimable et très-spirituel. Il est vrai que Naïf n'était pas difficile ; la conversation de ce peuple lui parut surtout très-variée.

— Au théâtre on parlait politique ;

— A la promenade on parlait politique ;

— Au bal on parlait politique ;

— En soirée on parlait politique ;

— Au café on parlait politique.

Cela eut semblé monotone à tout autre qu'à Naïf, cependant cela l'amusa beaucoup.

Un jour, pendant qu'il dormait, il fut réveillé par un bruit assez fort, c'était tout simplement le *pif-paf-pouf* des balles ; les Lanterniens se révoltaient parce que l'on avait voulu les empêcher d'écrire librement et faire imprimer leurs pensées.

La liberté d'exprimer sa pensée était alors acquise au royaume des Lanternes. La censure, inaugurée par Cizot, s'exécutait il est vrai un peu rigoureusement.

— Un volume de moins de cinq cent douze pages ne pouvait paraître sans un permis de la censure.

— Une chanson valait quelquefois à l'auteur l'amende et la prison.

— Les feuilles volantes qui paraissaient tous les jours étaient plutôt blanches que noires, elles devaient toutes être salies par un pâté d'encre qui se nomme timbre en France, et que l'on faisait payer la valeur de cinq centimes.

— Le principal auteur d'une feuille quotidienne devait donner au gouvernement une forte somme, afin que ce brave gouvernement la confisquât peu à peu : en France on appelle cela un cautionnement.

— Toutes les feuilles volantes étaient destinées à éclairer le pays et se disaient toutes interprètes fidèles des volontés de la nation, ce qui ne les empêchait pas de ne jamais s'accorder en rien.

Naïf les trouva d'une unanimité touchante. Les auteurs qui écrivaient pour le théâtre avaient aussi la plus grande liberté, à la condition de ne jamais mettre en scène

Un mauvais roi,

Un valet de cour,

Un conspirateur heureux,

Un brame (prêtre ou jésuite du pays),

Un cuistre intrigant politique,

Un renégat,

Un vieux mandarin ou un parvenu.

Les comédies et les drames historiques n'étaient permis que très-rarement; mettre sur la scène un homme ami de son pays était un crime; une scène de mœurs trop fidèle était biffée comme immorale.

On appelait cela la liberté d'écrire, autrement dit liberté de la presse. Le vieux Nemrod ayant voulu priver les Lanterniens de cette *grande liberté*, ceux-ci coururent aux armes et le détrônèrent en quelques jours.

Naïf ne se lassait d'admirer cet excellent peuple que les *Robert-Macaire* politiques du pays nommaient pompeusement *peuple-roi*, tandis que le roi nouveau disait au peuple, avec un précieux sang-froid, qu'il était son sujet.

Ici Naïf parut légèrement étonné, mais il finit par croire à la vérité de ces paroles quand le parti des *hobereaux* lui assura que, loin d'être un paradoxe, c'était aussi vrai que le déluge et que la divinité de Brama.

CHAPITRE VII.

Le parti des *hobereaux* était celui qui avait renversé Nemrod ; il adorait l'œuvre de SIMPLE-FINOT XVIII, il y ajouta quelques nouvelles frimes et jeta les yeux sur le prince ESCOBARD. Ce *délié* personnage avait longtemps flatté les hobereaux ; parent de Nemrod, il avait affecté de le contredire quelques fois, il était même parvenu à faire oublier des souvenirs fâcheux.

Aussi se garda-t-on bientôt de dire :

Qu'il avait déserté pendant la guerre de la république des Lanternes ;

Qu'il avait offert ses services aux Britanniskans et à d'autres peuples ennemis de son pays.

Le peuple lanternien était aveuglé par les lumières, étourdi par les mugissements d'un ordre qui s'appelait dans ce pays l'ordre des *blagueurs* et qu'en France on appelle l'ordre des avocats. Ces messieurs, dans de bonnes intentions sans doute, réunirent leurs lumières et, s'aveuglant eux-mêmes, placèrent le bandeau des rois sur la tête d'Escobard Ier.

Le vieux *Mystificateur des deux mondes* monta sur son trépied et s'écria avec conviction :

« *Nous avons fait là de bonnes choses;* désormais le royaume des Lanternes sera l'état le plus heureux du monde, et la *Pancarte* sera une vérité. »

Le rusé Escobard, fidèle à ce mot célèbre qu'un homme d'honneur n'a que sa parole, la donna mille fois et ne donna rien de plus...., si ce n'est des poignées de main.

Les premiers six mois de son règne furent couleur de rose, la première année fut assez douce, la quatrième fut rouge et les dernières noires.

Qui aime bien châtie bien, dit le proverbe ; Escobard devait adorer son peuple, car nul ne s'entendit mieux à le mitrailler par excès de prudence. Ce brave sujet de son peuple couronna Lanternia avec des maisons de guerre et des canons ; les Lanterniens payèrent cette dépense avec bonheur, et leurs *soi-disants* s'empressèrent de voter les fonds nécessaires à cette œuvre pie.

Escobard avait promis la diminution des impôts,

— On les tripla ;

— Le droit d'imprimer librement sa pensée,

— On doubla les cautionnements.

— Il avait promis qu'il n'y aurait plus de procès,

— On en fit QUINZE MILLE!!!

Pour donner le bouquet à son peuple-roi, ESCOBARD nomma :

Le mandarin militaire CUIR-BOUILLI, président du conseil des *lampions* et *lampion* de la guerre ;

CIZOT, *lampion* des étrangers ;

NAIN-BÉDAINE, *lampion* du commerce ;

MAIN-SALE, *lampion* de l'instruction ;

L'OURS (du Nord), *lampion* de la justice et des cultes ;

TISTÉ, *lampion* des travaux publics ;

LABLAGUE, *lampion* des finances.

Quand le peuple lanternien vit cela, il se dit à part : je suis volé ; il éteignit les *lampions* du roi ESCOBARD et se mit à siffler de toutes ses forces ; car non-seule-

ment tous ces hommes étaient les ennemis de la liberté, mais encore ils vendaient
le royaume aux étrangers.

Cizot, après avoir trahi **Titan**, avait
voyagé à l'étranger pour sa santé; trop
lâche pour se battre par lui-même, il
avait applaudi aux malheurs de sa patrie
et n'y était rentré qu'au milieu des Britanniskans et des autres barbares. Il détes-
tait les Lanterniens et appartenait corps
et âme à Britanniskan. Son collègue
Cuir-bouilli n'était plus qu'un vieux
fourreau sans lame;

Nain-Bédaine un lampion sans mè-
che;

Lablague un zéro devant un chiffre;

Main-sale un bavard ronflant et re-
dondant. Il avait baisé les bottes de ses
amis les ennemis quand ils déposèrent
Simple-Finot XVIII sur le trône des
Lanternes.

Tisté était une nullité.

Quant à l'Ours (du Nord), sa patte s'appesantissait avec une lourdeur épouvantable sur un fantôme appelé *justice*.

Voilà quels étaient les lampions du roi Escobard Ier et du peuple lanternien.

La postérité les jugera.

CHAPITRE VIII.

CHAMBRE DES VIEUX MAGOTS.

La chambre des vieux magots était toute dévouée à Escobard et à ses lampions, elle se fût condamnée elle-même à la peine de mort, pour complicité morale, si le grand Escobard l'avait désiré. La même ficelle faisait remuer tous les vieux magots; aussi les séances de cet estimable corps étaient-elles plates comme l'esprit d'un courtisan ou les discours de M. ***.

Naïf allait quelquefois chez *les vieux magots*. Voici le *fac-simile* d'une séance autographiée par lui.

Séance du 39 lunatique **1912.**

Le fauteuil appartient à une momie répondant au nom de
PAS-QUILLÉ.

CIZOT, lampion des étrangers, a la parole.

Messieurs, je veux éclairer (*sensation*), *yo lowe you* (*attendrissement*). Les Lanterniens ne méritent pas d'avoir un lampion aussi lumineux que moi.

UNE TÊTE A PERRUQUE.

Il faut tous les condamner pour complicité morale.

CIZOT.

Pas tous, mais une partie, *god dam!*

TROIS CENTS PERRUQUES.

Quelle clémence!

CIZOT.

Vieux magots, je suis ému (*il boit un*

verre d'eau sucrée). Oh! si les *feuilles de papier* me rendaient justice, *Milords and gentlemans.*

DEUX CENTS PERRUQUES.

Vous êtes un grand homme !

CIZOT.

Je ne suis pas ambitieux, vous le savez, et je ne désire que le bonheur de ma patrie.

UNE VOIX.

Laquelle ?

CIZOT.

Celle de mon cœur. Vieux magots je suis attendri ; mais faites vite, j'ai besoin d'argent, voici les impôts que les *soi-disants* ont voté en me disant des *duretés, that is question.*

TOUS.

Le pauvre homme !

CIZOT.

Je viens vous les soumettre.

TOUTES LES PERRUQUES.

Nous les votons !

CIZOT.

Mais vous ne savez pas...

TOUTES LES PERRUQUES.

Nous ne voulons rien savoir. La clôture ! Aux voix !

UN MAGOT *à la tribune.*

Je viens répondre à l'honorable préopinant ; l'impôt est déjà bien lourd.

TOUTES LES PERRUQUES.

Aux voix ! aux voix !

Le président prononce la clôture et les vieux magots vont dîner avec l'appétit prodigieux des gens qui viennent de sauver la patrie.

CHAPITRE IX.

CHAMBRE DES SOI-DISANTS.

Cette chambre était composée de bourgeois, les innovations les effrayaient, aussi refusait-elle toutes les nouvelles lois sans se donner la peine de les discuter; livrée à l'ambition et à l'esprit de *localité* de quelques nullités orgueilleuses, elle n'avait de loisirs que pour les petites intrigues, les petites ambitions, l'égoïsme et la vénalité. Cizot, qui connaissait parfaitement ces dispositions, en profitait avec habileté. Les soi-disants disposaient des places les plus lucratives, et, avec de beaux semblants d'indépendance et de patriotisme, subissaient le joug des Britanniskans personnifiés, représentés et défendus par Cizot.

Il arriva même qu'un jour *l'austère* ministre proposa un traité qui donnait aux Britanniskans l'empire des mers, c'était le *traité de la visitation*. Par ce traité, les navires lanterniens étaient soumis à la police britanniskane, qui pouvait, suivant sa fantaisie, les capturer, les vexer, les piller et même les couler à fond.

L'humanité était le prétexte de ce traité ; l'humanité défendue par Cizot devait être suspecte, *l'austère* ministre l'avait compris, c'est pourquoi il avait eu soin de crier bien haut que ce traité était en faveur des *peaux rouges,* peuplades très-éloignées du royaume des Lanternes et qui étaient autrefois réduites en esclavage et vendues sur les marchés publics ; les navires britanniskans étaient chargés d'empêcher le transport des *peaux rou-*

ges sur les navires de toutes les nations qui feraient un commerce de la liberté de ces malheureux peuples. Cizot, en prenant leur défense, fit naturellement penser aux Lanterniens que ce beau zèle n'était pas pour les *peaux rouges*, mais pour les Britanniskans, qui pouvaient bien se servir de cela non-seulement pour être les *gendarmes* de la mer, mais encore pour monopoliser en leur faveur le commerce du monde.

La chambre des soi-disants, cédant à l'opinion publique, qui est une insulte pour les *vieux magots,* se leva en masse et repoussa le traité de la visitation.

Cizot en devint jaune et n'en détesta que mieux le pays dont il était lampion.

Naïf aimait beaucoup à suivre les séances de la chambre des soi-disants. Voici une séance sténographiée par lui.

M. Sanstache occupe le fauteuil de la présidence.

Tous les soi-disants sont de noir habillés, plusieurs portent des lunettes, bien qu'ils aient de fort bons yeux; mais cet attribut de la vieillesse et de l'infirmité leur plaît parce qu'il cache les mouvements des yeux, qui sont parfois trop bavards, et qu'il donne un petit air homme d'État qui n'est pas à dédaigner. Pour leur rendre complète justice, nous sommes forcés d'avouer que tous ces messieurs sont laids comme des portraits au *daguerréotype* (1).

M. POPULAIRE *à la tribune.*

Messieurs, je monte à cette tribune dans l'intention d'éclairer mon pays.

(1) Invention française qui ne contribuera pas peu à l'enlaidissement progressif de toutes les classes de ce peuple spirituel et éclairé... *Biribi à la façon de Barbari.*

LE CROUPION.

Aux voix ! La clôture ! Nous aimons les ténèbres.

POPULAIRE.

Les interruptions ne m'empêcheront pas...

A gauche : Parlez ! parlez !

POPULAIRE.

Lampions du roi, je vous demanderai ce que vous avez fait avec l'or et le sang du peuple.

LE CROUPION.

La clôture ! Aux voix !

POPULAIRE.

Vous avez sacrifié sa liberté et son honneur à vos mesquines ambitions, à la corruption et à la rancune de ceux qui, comme M. le lampion des étrangers, ont eu le cynisme de toutes les apostasies.

LE CROUPION.

A l'ordre! La clôture!

POPULAIRE.

Vos favoris ont été gorgés d'or; à eux les places honorables et lucratives de l'État, à eux les grades militaires, à eux la direction des affaires et le droit de veiller sur les citoyens. Tous les hommes purs ont été écartés des affaires comme factieux; et moi j'ose vous le dire, les factieux c'est vous, vos valets et vos partisans; car, depuis des siècles, vous n'avez pas cessé de conspirer contre le peuple, de le séduire et de l'égarer.

Aujourd'hui, plus infâmes que vos prédécesseurs, vous allez vendre la patrie à ses ennemis naturels, après avoir vendu sa liberté à ses tyrans. Par le *traité de la visitation*, le royaume des Lanternes, vassal des Britanniskans sur mer, verra périr au dehors son influence morale et son commerce. Osez nous dire le prix que vous en avez fait? quelles sont vos récompenses et quels puissants intérêts vous ont forcés à trahir encore cette patrie que vous souillez de vos crimes impunis depuis de si longues années?

LE CROUPION.

A l'ordre! à l'ordre !

LE LAMPION DES ÉTRANGERS.

Pur comme l'enfant qui vient de naître, je tâcherai, suivant mes faibles lumières, d'éclairer mon pays; j'ai voulu sincèrement la liberté des *peaux rouges.*

UNE VOIX.

Commencez d'abord par les blancs.

LE LAMPION DES ÉTRANGERS.

D'ailleurs, les Britanniskans ont pour nous de très-bonnes intentions, et c'est mal de notre part de leur faire de la peine; nous sommes trop vifs, et si les Britanniskans nous insultent, courbons la tête avec résignation, car bien certainement c'est nous qui avons tort; s'ils tuent nos marins, c'est que sans doute ceux-ci se sont défendus; s'ils s'emparent de notre commerce, tant pis pour eux, car alors peut-être ils comprendront enfin que peut-être ils ont tort. Je dis *peut-être*, car je ne suppose pas que les Britanniskans puissent jamais avoir tort; nous sommes moralement obligés, exécutons-nous, Britanniskan le veut, et je dois avant tout défendre un peuple que j'aime, que j'estime et que je préfère aux Lanterniens.

TOUTE LA CHAMBRE.

A bas! à bas!

UNE VOIX.

A bas le renégat!

CIZOT.

Je ne suis pas un renégat, car je n'ai jamais trahi... que mon gouvernement, mon roi, le peuple, la Pancarte, les lois et la patrie. D'ailleurs, comme un grand personnage, je suis Britanniskan de cœur et d'âme.

TOUTE LA CHAMBRE.

La clôture!

La chambre se dissout dans le plus grand désordre.

M. Naïf a profondément admiré ce bon M. Cizot, il s'étonne que l'on ne puisse aimer un homme aussi *austère* et aussi honnête. Cette séance lui a donné la plus haute idée du royaume des Lanternes et de ses gouvernants.

CHAPITRE X.

M. NAÏF A L'EXPOSITION DES TABLEAUX.

Après avoir visité les deux chambres, M. Naïf, enchanté de la politique, préféra autre chose. Il fut voir l'exposition des tableaux qui a lieu tous les ans dans le royaume des Lanternes; c'est un usage établi en faveur des arts et des artistes.

Quelque temps avant l'exposition, les artistes peintres, sculpteurs et dessinateurs envoient leurs œuvres à une assemblée composée de musiciens, de mathématiciens, de chimistes, d'écrivains, de médecins et d'aveugles : ces derniers surtout sont appelés à juger des couleurs.

Air : de Marianne

Grâce à la rare intelligence
De ces connaisseurs des beaux-arts,
Le salon avec abondance
Est pourvu de tableaux blafards ;
A l'infini
Il est garni
De laids portraits qui n'ont que le verni.
Des esturgeons
Et des gougeons
Sont à leur cadre à côté des dindons ;
Mais je le dis quoiqu'il m'en coûte,
Je préférerai, Dieu merci !
Qu'au salon FÉLIX (1) vint aussi
Faire goûter ses croûtes.

En voyant les portraits de quelques
hommes noirs très-laids, M. Naïf pensa
que ces messieurs étaient condamnés à
l'exposition; ensuite il admira de bonne
foi ce que des hommes à chapeaux larges,

(1) Célèbre pâtissier.

à larges robes, à barbes et à cannes extra-vagantes, disaient de certains artistes :

Air : J'ai vu partout dans mes voyages.

L'un a le ton par trop grisâtre,
L'autre veloute mal la chair;
Cet autre a le ton trop rougeâtre,
Et cet autre pas assez clair.
D'après cela, je vous le jure,
Me moquant du qu'en dira-t-on,
Bien plus d'un artiste en peinture
A selon moi très-mauvais *ton*.

Voici quelles furent ses réflexions après un quart-d'heure de promenade devant un millier de toiles peintes : M. Naïf trouva que de très-*graves* sujets étaient peints d'une plaisante manière, quelques personnages surtout lui parurent fabuleux.

Air du petit matelot.

Celui-ci n'était qu'une ébauche,
Cet autre a les yeux de travers ;

Un autre a le nez sous l'œil gauche,
Cet autre la bouche à l'envers.
Or, le grand salon, je l'assure,
Où l'on voit ces corps dispersés,
N'est plus un salon de peinture,
Mais un hôpital de blessés.

Mais alors, se dit Naïf, où sont donc les bons tableaux. On lui répondit : chez leurs auteurs, qui écrivent au bas : REFUSÉS.

Ma foi, se dit Naïf, je ne sais pas si ma censure blessera l'orgueil de ces messieurs, mais à coup sûr leurs tableaux blessent mes yeux. Comme il allait se retirer, un jeune homme lui demanda son avis sur une toile qui ne ressemblait pas mal à un devant de cheminée, il lui assura que c'était un tableau de bataille.

L'ARTISTE.

Air : Fidèle époux, franc militaire.

Ces soldats sont fort bien je pense,
Ils ont l'air tout prêts au combat,
Cet air respire la vengeance.

NAÏF.

Le tableau me semble bien plat.

L'ARTISTE.

Ce mot seul me met en furie,
Je vous tuerai pour ce propos.

NAÏF.

Avant de m'arracher la vie,
Donnez-la donc à vos tableaux.

Du reste, faites mon portrait, c'est le seul moyen de me rendre sans vie et sans mouvement.

Air connu.

Contre une légère censure
Loin de vous fâcher, mes amis,

Vous devriez plutôt, je le jure,
Vous en venger sur mes écrits;
Car bien souvent, quand je travaille,
Tout mon esprit reste en chemin,
Et si je ne fais rien qui vaille,
Comme vous j'agis *sans dessein.*

En sortant de l'exposition, Naïf fut enchanté, le salon de Lanternia lui rappe-
lait le Louvre, et dans toutes ces croûtes
il retrouvait sa patrie. Oh! Paris, disait-il,
quand te reverrais-je? Sur ce, Naïf fut
dormir à la comédie.

CHAPITRE XI.

UN MYSTÈRE EXPLIQUÉ.

En voyageant dans le royaume des Lanternes, Naïf avait vu beaucoup d'hommes professer un grand amour pour un autre HOMME qui tient dans ses mains une énorme portion d'argent et de pouvoir.

A ceux que l'or ne peut corrompre, il donne des places et des rubans de toutes couleurs.

En donnant des places lucratives à ceux qu'il favorise, il force en quelque sorte l'État à payer ses dettes.

Aux orgueilleux il donne des titres,
Aux sots des sinécures,

Aux poltrons des emplois militaires,

Aux hommes immoraux la surveillance des mœurs, et aux plus stupides la direction des beaux-arts.

C'est pour remplir les poches de ce *haut personnage* que la chambre des *soi-disants* vide sans cesse celles du peuple.

La position du *haut personnage* ci-dessus mentionné explique l'amour que l'on a pour lui; il a pour amis tous ceux qui partagent son pouvoir, ce qui fait que, dans le royaume des Lanternes, l'intérêt public est subordonné à l'intérêt privé. On pourrait donner deux noms à cela :

Corruption,

Égoïsme !

Il existe aussi une secte, celle des *stipendiés-solliciteurs;* ceux-ci sont orateurs, écrivains, poètes ou députés.

Ceux qui sont orateurs célèbrent la vertu du *haut personnage* et des *lampions* de l'État.... pour obtenir un emploi à un membre de leur famille.

Ceux qui sont écrivains défendent. l'État sur des carrés de papier..., moyennant quelques mille francs par an.

Ceux qui font des vers célèbrent les vertus des gouvernants pour obtenir..... un débit de tabac ou une aumône.

Naïf crut s'apercevoir que personne n'aimait pour eux-mêmes les gouvernants du royaume des Lanternes; cette découverte lui fit de la peine, car Naïf était optimiste.

CHAPITRE XII.

DE L'AMOUR DU PEUPLE.

Le pouvoir du roi des Lanternes repose sur l'amour du peuple, la Pancarte, 400,000 bayonnettes et quelques mille canons.

De plus, il faut ajouter 100,000 écouteurs publics et privés; ces messieurs sont chargés de tout écouter et de tout redire. En France on appelle cela

Des mouchards ou des espions.

Dans le royaume des Lanternes ces messieurs sont très-considérés.

Les gens perdus de mœurs,

Les apostats,

Les lâches,

Les fripons,

Les girouettes,

Les rampants,

Les menteurs,

Les bavards,

Les stupides,

Les égoïstes,

Les fats,

Les sots,

Les hommes d'État sans principes,

Les députés sans voix,

Les littérateurs sans cœur et sans esprit,

Les *vieux magots* sans intelligence,

Les militaires sans courage,

Les déserteurs à l'ennemi,

Les juges sans foi,

ONT TOUS DROIT A DES STATUES.

Naïf vit plus d'une statue à *l'air mi-niais.*

Quant au peuple, il n'est roi que pour
payer l'impôt, monter la garde et mourir

de faim; il aime tellement le roi des Lanternes que celui-ci, pour se dérober à cet
ardent amour, a jugé à propos d'imiter
les rois de Perse, qui ne se montraient
jamais à leur peuple que cachés sous un
rideau, ce qui pouvait bien être une es-
corte de dix à douze mille soldats.

CHAPITRE XIII.

LES HOMMES RÈGNENT ET LES FEMMES GOUVERNENT.

Les hommes ont dit aux femmes : occupez-vous de chiffons, nous ferons des lois et nous sauverons la patrie. Et les femmes injustement privées des droits et des devoirs des citoyens, ont reconquis par la ruse un pouvoir que les hommes leur ont brutalement arraché par la force.

Ici nous ferons une question :

Si les femmes sont incapables de *voter*, pourquoi sont-elles capables de régner sur un peuple (1)?

(1) Un économiste de mes amis m'assure que si les femmes étaient admises à voter, tous les dé-

— On a répondu à cela que les femmes avaient peu d'aptitude aux affaires politiques, qu'elles manquaient de capacités gouvernementales, et qu'enfin elles étaient trop légères.

—Ce jugement, qui n'est pas trop galant, peut être vrai. Dans tous les cas, il fait peu d'honneur au métier de roi, car il pose en principe que ce qui n'est pas bon à faire un citoyen peut très-bien faire un roi.

Ce principe explique bien des choses ; cependant, quoi qu'il en soit, les femmes gouvernent et les hommes ne sont que des marionnettes dont elles font mouvoir les fils suivant leurs caprices.

Pour ma part, s'écria Naïf, je voudrais

putés seraient garçons. Cette considération empêchera longtemps les maris de céder aux justes réclamations de leurs femmes. Ces messieurs ont trop peur d'être *sganarelle* ou *dégommé.*

que les femmes fussent appelées à voter ; les députés du royaume des Lanternes seraient beaucoup plus beaux garçons, auraient un peu plus d'esprit, d'usage du monde et de politesse.

Sans les femmes, Cizot ne vendrait pas tous ses secrets d'État à la princesse Lièvre, 1/3 n'écrirait pas l'histoire de la *soie-Florence*, nous n'aurions pas la *Palyngénésie sociale*. Lors de la création du monde, *Ève* gouverna *Adam*; mais ici je m'arrête, car le lecteur semble me dire : *écrivain*, passez au déluge.

Je passe à la fin du chapitre.

CHAPITRE XIV.

DES ÉLECTIONS.

I

Les éligibles.

Naïf croyait que pour représenter le peuple il était nécessaire de connaître ses besoins, ses souffrances, sa force, ses passions et ses faiblesses. Il croyait qu'un représentant de la nation devait être un homme d'honneur incorruptible ; être enfin choisi parmi les hommes les plus éclairés et les plus purs du pays. Quand il exprima cette pensée, on lui rit au nez, et M. Peu-Délicat, courtier d'élection, eut avec lui la petite conversation suivante :

PEU-DÉLICAT, courtier d'élection.

Ainsi, mon cher monsieur Naïf, vous pensez que les éligibles sont les hommes les plus purs et les plus illustres; détrompez-vous, ce sont quelquefois, je pourrais même dire le plus souvent, les plus riches et les plus sots.

NAÏF.

Vous plaisantez.

PEU-DÉLICAT.

Jamais; j'ai moi-même contribué à l'élection d'un candidat qui n'avait pas plus d'esprit que ses bœufs, les commis du *lampion de l'intérieur* lui avaient expédié un discours tout fait. Le *carré* de papier de sa province était venu à son secours par le moyen de quelques bouts de ligne pareils à cela.

« Grâce aux soins de *M. Cornichon,* notre honorable *soi-disant, la bibliothè-*

que de notre ville s'enrichira de plusieurs ouvrages remarquables. »

Autre :

« C'est à *M. Dindonneau,* notre excellent *soi-disant,* que nous devons la restauration des cloches de la pagode. »

Troisième exemple :

« *M. Lustucru* n'a jamais cessé de nous porter dans son cœur; grâce à ses sollicitations, notre ville va obtenir un poste militaire de dix soldats. » *qui l'eût cru?*

NAÏF.

Et le peuple ne s'aperçoit pas de ces trafics infâmes et de ces menteuses promesses?

PEU-DÉLICAT.

Le peuple, monsieur Naïf, le peuple est souverain, mais il n'est pas électeur.

Tenez, voici à peu près le portrait de

l'éligible gouvernemental : c'est un homme de certain âge; il porte des lunettes, un habit noir et le ruban; il est quelquefois gros et court, sa physionomie est bouffie d'importance, il marche avec gravité, porte une canne à pomme d'argent, redit avec emphase les lieux communs de tous nos carrés de papier, et, doué d'une voix de Stentor, s'exerce dans son cabinet à vociférer ces mots chéris des *lampions : A l'ordre ! Aux voix! aux voix! La clôture!* Le *soi-disant* gouvernemental qui, au contraire, est maigre et efflanqué est à coup sûr un solliciteur; si les *lampions* achètent avec des truffes la voix du gras *soi-disant*, ils ne peuvent payer celle du maigre *soi-disant* qu'avec des places lucratives et quelquefois des titres aussi absurdes que redondants. Quant au *soi-disant* dit *austère*, c'est le pire de tous, car il se vend plus cher que les autres et n'en vaut pas mieux pour cela.

Quant à moi, monsieur Naïf, je suis comme mon nom, *peu délicat*, et je vis du trafic électoral comme d'un honnête métier. Je vous ai fait connaître l'éligible, c'est maintenant à mon ami *Pot-de-Vin* à vous faire connaître l'électeur.

NAÏF.

Mais du moins la capitale du royaume doit avoir quelques bons *soi-disants*.

PEU-DÉLICAT.

Erreur, la ville de Lanternia est le foyer de la corruption, car là les vendeurs de soupes et de cafés, les marchands et les propriétaires sont sous la griffe gouvernementale, et l'éclat des lumières produit un aveuglement qui donne des votes aux hommes les plus nuls et les plus rampants.

II

LES ÉLECTEURS.

Les électeurs sont peu nombreux dans le royaume des Lanternes, puisque leur nombre ne s'élève qu'à 180 mille sur une population de 35 millions d'âmes.

— Bon, se dit Naïf, puisqu'ils sont peu nombreux, ils doivent être choisis.

— C'est ce qui vous trompe, lui dit M. Pot-de-Vin, qui était à ses côtés.

NAÏF.

Comment donc ?

POT-DE-VIN.

Foi de Pot-de-Vin, il paraît que Monsieur descend de la lune.

NAÏF.

Non, je viens de France.

POT-DE-VIN.

Alors vous m'étonnez. Sachez, monsieur Naïf, que je serais ruiné si les électeurs étaient ce que vous croyez.

NAÏF.

A votre tour, vous m'étonnez; quel est donc votre commerce?

POT-DE-VIN.

Monsieur, je suis 60 électeurs.

NAÏF.

Quelle plaisanterie.

POT-DE-VIN.

Je ne plaisante jamais; les électeurs, voyez-vous, ce sont les gens qui paient le plus d'impôts. Quant aux savants, aux artistes, aux hommes de lettres et aux hommes de cœur, ils n'ont pas les droits du citoyen, mais ils en ont les corvées.

NAÏF.

C'est un bien joli pays que le vôtre.

POT-DE-VIN.

Monsieur Naïf, le royaume des Lanternes est le pays le plus éclairé du monde.

NAÏF.

Oui... quant aux bouts de chandelles.

POT-DE-VIN.

Savez-vous quel est le roi de notre pays ?

NAÏF.

Escobard Ier.

POT-DE-VIN.

Non, l'argent, car le roi peut bien donner de l'argent, mais sans argent il ne peut rien faire.

Avez-vous eu des désagréments en justice?

Avez-vous *filouté* en grand, c'est-à-dire à l'aide des faillites?

Avez-vous combattu contre votre pays?

Avez-vous trahi vos devoirs?

Grâce à l'argent, vous êtes non-seulement un très-honnête homme, mais encore vous avez tous les droits que l'on refuse à l'homme de cœur et de génie. Sans argent, vous n'êtes rien; avec de l'argent, vous avez la poitrine bardée de rubans et vous gouvernez le pays par un mandat; vous êtes éligible et électeur.

Et savez-vous ce que c'est que d'être électeur?

Si votre fils ou votre frère est un mauvais garnement, sujet aux réquisitoires de l'accusateur du roi, il sera relaxé comme fils ou frère d'un *bon* électeur.

Si vous avez fraudé l'État, on vous fera grâce de l'amende comme *bon* électeur.

Votre fils sera élevé gratis.

Le *soi-disant* de votre ville ou village vous fera obtenir un dépôt de tabac, de papier *taché*, ou une place de receveur, de floueur ou de *reeenseur*.

Quant à moi, monsieur Naïf, j'ai déjà placé toute ma famille, et j'ai dix-huit places que je remplis par... suppléants.

Les *lampions* de l'État sont mes amis, j'ai le *bout de ruban* comme un mandarin militaire, et l'on ne peut rien me refuser! Sans moi, plus de vingt imbéciles n'auraient pas été nommés.

NAÏF.

Comment faites-vous donc pour disposer des votes ?

POT-DE-VIN.

Aux paysans, je promets des primes
ur le foin, et de plus la diminution des
mpôts; aux propriétaires, diminution des
ontributions, l'érection d'un pont, un
canal ou un chemin de fer; aux industriels, le développement de l'industrie et
du commerce; aux brames, des tableaux
pour les pagodes; aux avares, de l'argent;
aux orgueilleux, des titres et des rubans;
aux sots, des emplois académiques. Voilà
mon secret.

NAÏF.

Mais quand il faut tenir vos promesses?

POT-DE-VIN.

Mes candidats sont nommés et le tour
est fait.

NAÏF.

Admirables. Vos promesses sont ce

que j'appelle des *poissons de juillet.*

POT-DE-VIN.

Précisément, mais je suis secondé dans mes opérations par **M.** Corruptif. Ce brave homme gros et court brave les lois de la mendicité, et va de maison en maison promettre des faveurs et distribuer des promesses en tout genre, demandant en retour *une petite voix s'il vous plaît!*

M. CORRUPTIF EN TOURNÉE ÉLECTORALE.

CHAPITRE XV.

Voilà un drôle de royaume, se dit Naïf, et il fut visiter le sanctuaire de la justice.

Il vit d'abord un gros monsieur qui avait escroqué des sommes considérables qui lui avaient été remises en dépôt; il avait trompé et volé plus de vingt familles; tout le monde le maudissait, et pendant qu'il comparaissait devant la justice, son frère et sa sœur promenaient un luxe insolent.

Ce brave homme fut condamné *à cinq ans de prison.*

Il vit ensuite un pauvre diable qui,

manquant de travail, avait volé un peu de pain pour nourrir sa famille.

On condamna ce scélérat *à cinq ans de prison*.

Un homme gravement insulté dans son honneur, ayant inutilement demandé une juste réparation, avait enfin frappé au visage son infâme calomniateur.

Trois ans de prison.

Un homme qui avait frappé son camarade à coups de couteau, dans un guet-à-pens nocturne, fut

Acquitté.

Un écrivain qui avait osé dire la vérité au peuple et aux grands, fut

Condamné à quatre ans de prison et dix mille francs d'amende.

Un banqueroutier et un habile industriel connu par ses mauvaises *actions*, furent

Acquittés après un *blâme sévère*.

Un écrivain qui avait fait un livre par livraisons se vit condamné à l'*amende et à la prison*, tandis qu'un boulanger qui vendait à *faux poids* fut *acquitté*.

Naïf fut enchanté de la justice comme il avait été de tout le reste.

CHAPITRE XVI.

HISTOIRE MORALE.

Jusqu'ici Naïf ne connaissait la corruption électorale que par des réclames menteuses et la séduction des places et de l'argent : une anecdote qui courait dans Lanternia la lui fit connaître sous son aspect moral.

M. Coquardeau était un *soi-disant* médiocre qui avait toujours suivi la bannière de tous les *lampions;* il appartenait à tous et faisait en quelque sorte partie de leur mobilier. Mais la dernière année législative était finie, et la chambre venait de recevoir le coup de pied parlementaire.

M. Coquardeau songeait à sa réélection,

il quêtait des voix et se montrait plus pro-
digue de promesses que jamais. Ce brave
soi-disant était un homme très-insigni-
fiant, ses qualités étaient aussi négatives
que ses défauts; il ne parlait jamais, mais
il votait *bien*; Cizot le comptait au nombre de ses meilleurs interrupteurs. Au
commencement d'une séance, il coupait
la parole au *soi-disant* de l'opposition par
le cri de *la clôture!* Il avait cependant un
tort : c'était celui de partir trop tôt quelquefois; mais, pour rien au monde, il n'aurait retardé l'heure de son dîner.

Quoique *soi-disant* on n'en est pas
moins homme. Coquardeau était marié;
sa femme, jeune et jolie, employait, pour
lui conquérir des votes, les charmes de sa
beauté et de son esprit.

Un jour, M. Coquardeau, pour se dis-
traire de ses ennuis d'homme d'État, ré-
solut d'aller dîner avec une jeune femme

qu'il avait connue intimement pendant qu'il était garçon, et qui avait toujours conservé une part de tendresse pour le *soi-disant*. Mme Jobard lui avait déjà été utile en lui assurant la voix de son mari. A la veille des élections, M. Coquardeau, en écoutant son amour, satisfaisait aussi ses désirs et son ambition.

Il était depuis un instant dans son cabinet particulier, se livrant aux charmes de la partie fine, quand des éclats de rire et le bruit de quelques baisers attirèrent son attention sur un cabinet voisin. Mais que devint le pauvre Coquardeau quand il entendit une voix de femme qui ressemblait singulièrement à celle de sa légitime compagne !

— Corbleu ! s'écria-t-il avec cette voix formidable avec laquelle il demandait la clôture, corbleu ! c'est affreux.

— Qu'avez-vous donc, mon ami ? dit à

son tour Mme Jobard; qu'avez - vous? d'où vient votre trouble?

— Je vais...

— J'espère que vous n'allez pas me laisser ici.

Ces derniers mots de Mme Jobard furent entendus du cabinet voisin, où ils produisirent de l'effet; car, au moment où M. Coquardeau ouvrit la porte de son cabinet, celle de ses voisins s'ouvrit aussi, et M. Jobard se trouva devant M. Coquardeau. Les deux dames s'étaient avancées aussi; mais, à l'aspect de leurs maris, elles reculèrent bientôt.

— Que faites-vous ici, Madame? dit le *soi-disant* à son épouse.

— Je sollicite Monsieur à vous donner sa voix.

— Et vous, Madame? dit l'électeur à Mme Jobard.

— Je demande pour vous un emploi à notre futur *soi-disant*.

Chaque époux, honteux et confus,
Jura, mais un peu tard, qu'on ne l'y prendrait plus.

Cependant, grâce à l'indiscrétion d'un garçon du restaurant, l'histoire a eu des ailes, et l'élection de M. Coquardeau est très-compromise.

CHAPITRE XVII.

LA FRIPONNERIE EST-ELLE LA RELIGION DE L'ÉTAT.

Naïf savait un mot des intrigues électorales.

« Ma foi, se disait-il, chacun fait bien de se sauver comme il peut !... Je crois qu'aux élections les *lampions* de l'État sont dans la position des filous devant leurs juges : pour ne pas être condamnés ils corrompent.

« L'argent est le dieu corrupteur de l'époque ; dans peu on dressera des statues aux fripons ; un homme flétri par les lois appelle déjà cela *avoir eu des malheurs ;* la société ne condamne que ceux qui se laissent pincer.

« LA RESPONSABILITÉ N'EST A CRAIN-
DRE QUE LORSQU'ON NE RÉUSSIT PAS.

« Grâce à des mots complaisants, les vices ont un manteau : le fourbe est un *homme délié*, le fripon un *homme adroit*, le lâche un *homme prudent*, le traître un *humanitaire cosmopolite*.

« Un honnête homme se défend d'avoir de la vertu comme autrefois les fripons niaient leur crime ; le vice est devenu *bon genre*. »

CHAPITRE XVIII.

Lanternia est la ville des veuves; car, sur une population de 120,000,000 âmes, on en compte 62,000.

En voici la statistique :

Veuves véritables................	20,000
Veuves de mandarins militaires morts dans les cinq parties du monde..	6,800
Veuves mariées au 17ᵉ arrondissement................	16,000
Veuves latines..................	3,000
Veuves lionnes..................	4,500
Veuves de province..............	6,500
Veuves vieilles filles............	5,200
TOTAL......	62,000

La véritable veuve appartient à toutes les classes de la société.

La veuve inconsolable est la variété la plus originale de l'espèce.

Nouvelle Artémise, elle pleure tous les jours un mari dont elle fait le plus brillant panégyrique, et qui n'a eu, selon son cœur, qu'un bon mouvement, c'est d'avoir su mourir à propos. La veuve inconsolable est ordinairement pâle, blanche et frêle ; elle se compare poétiquement à un lis courbé par le souffle des autans ; elle aime le deuil, parce que le noir fait admirablement bien ressortir la beauté de sa carnation ; elle tient ses beaux yeux chastement baissés, se coiffe à la Ninon, compte ses pas, tient à sa main un mouchoir blanc vierge de larmes, soupire souvent et ne parle que d'une voix dolente.

Pendant son séjour à Lanternia, Naïf en séduisit vingt-quatre pour sa part.

Cela n'étonnera pas le lecteur ; car il est tout simple qu'une femme inconsolable écoute volontiers un consolateur, surtout quand il est jeune, beau, tendre, indiscret et se nomme... *Naïf*.

La veuve femme forte demande l'émancipation des femmes ; elle rejette toute réforme électorale si les femmes ne sont pas destinées à y prendre part ; elle fait des romans décolletés, adore Blaguezac, monte à cheval, congédie trois amants par mois et jouit de tous les priviléges du mariage sans avoir un mari *légal*.

La veuve du mandarin militaire ne montre jamais, et pour cause, son contrat de mariage ; elle s'affuble d'un titre nobiliaire, loge dans le quartier des banquiers et de la jeunesse *dorée*, met souvent sa garde-robe en gage et décore sa chambre d'un portrait militaire qu'elle a acheté chez un brocanteur et qu'elle a couronné d'un laurier emprunté à sa cuisinière.

Naïf a découvert que trois cents veuves de mandarins militaires avaient commencé par être bonnes d'enfants et avaient alors eu pour amant un *tourlourou* du pays. Naïf en aima trois qui, dans peu de temps, lui prouvèrent que chez elles l'amour allait en *croissant*.

La veuve mariée au 17e arrondissement n'a rien de particulier… Passons.

La veuve latine a reçu son nom du quartier dans lequel elle fait ses conquêtes ; elle n'est mariée que neuf mois sur douze ; au mois de septembre elle est toujours veuve. Pauvre fille ! quand elle quitta sa province pour venir chercher fortune, elle avait de la vertu et pensait que son travail serait suffisant pour lui procurer, outre son pain, quelques petites économies ; elle rêvait comme la *bergère du pot au lait* ; mais, hélas ! à Lanternia le travail d'une jeune fille est si peu de chose qu'il ne peut même suffire à ses premiers besoins : aussi la misère vint-elle bientôt assiéger sa mansarde, la faim ébranla sa vertu, un séducteur trouva l'occasion favorable, il trompa la jeune fille et l'abandonna bientôt. Un an de misère avait perdu à jamais la pauvre enfant (1).

(1) Nous avons lu *les Vierges folles* et les *Vierges martyres*, où, sous une forme grave et saisissante, M. Alphonse Esquiros nous a fait connaître la vie de ces pauvres femmes corrompues par l'air méphytique de Paris. Le style tendre et passionné de cet écrivain nous a fait assister à toute la misère d'une existence brisée ; mais hélas ! ce livre, écrit avec le cœur, n'a pas éveillé la sollicitude de nos hommes d'État..... Que leur importe l'avenir des filles du peuple !... songent-ils jamais au bonheur du pays qu'ils ne gouvernent pas pour nous, mais pour eux.

(Note de l'auteur.)

Aujourd'hui, pâle et amaigrie, vous la reconnaîtrez facilement à sa coiffure en désordre, son châle désastreux, sa robe gémissante, son tablier déchiré et ses brodequins expirants ; elle demande au ciel un mari *provisoire,* car le sien est en vacance et ne lui a laissé que des yeux pour pleurer, ou pour séduire, suivant qu'ils sont beaux ou laids.

Pauvre femme ! elle est tombée bien bas ; mais ayez pour elle de la pitié et non du mépris, car si elle a perdu tout ce qui embellit la femme, la pudeur, c'est la faute des hommes et de la société.

La veuve lionne est bien souvent basbleu ; elle quitte souvent ses jupons pour revêtir les habits masculins ; elle jure comme un vieux soldat, fait des armes, écrit en style *piccaresque* et *macaronique,* boit du nectar (champagne du pays), fait beaucoup trop de vers, et des enfants... le moins possible.

La veuve de province ne vient dans la capitale que pour y pêcher un mari ; sa démarche manque de laisser-aller ; elle est gauche, mais rusée, et n'a quelquefois quitté sa province qu'à cause de certaines algarades commises sous le règne du défunt, et qui, dans le temps, ont entretenu le caquetage de sa petite ville.

Blaguezac, le romancier des femmes, est adoré en province ; c'est à lui que l'on doit cette belle pensée : « La femme est la vignette ineffable du sentiment. »

Quant à la veuve vieille-fille, c'est ordinairement une demoiselle plus que majeure qui, ne pouvant plus décemment s'appeler *demoiselle*, soit à cause de certaines peccadilles, soit à cause de l'âge....

Je ne parlerai pas de la demoiselle,

parce que ce type est incomplet et que mon ouvrage peut s'en passer très-facilement.

Je ne vous parlerai pas des femmes mariées, car M. de Blaguezac à épuisé le sujet et vous les connaissez toutes, si ce n'est peut-être la femme *schocknosophe* inventée par *M. Pamphile.*

CHAPITRE XIX.

UN MOT SUR LANTERNIA ET LE ROYAUME DES LANTERNES.

A Lanternia, la moitié de la population est folle. Il est des provinces où presque toute la population est rusée et chicannière, d'autres où elle est ouverte et franche, d'autres où elle est assez bête ou assez bonne, *ad libitum.*

Mais, à Lanternia, presque tout le monde fait le bel-esprit ; on y médit aussi légèrement que l'on y loue ; on y dit des sottises et l'on y fait de la politique et de l'amour ; tout le monde se heurte pour y chercher le plaisir, et personne ne le trouve ; on vole avec esprit, on se bat avec politesse, et l'on est mis en prison

7

au nom de la liberté. C'est une charmante ville!!! le pavé est toujours boueux, les voitures vous éclaboussent sans cesse, le soleil brûle ou le ciel est gris; mais l'on y danse toute l'année, l'on s'y empoisonne à très-bon marché, les femmes y sont délicieusement infidèles, les maris complaisants, les amants peu jaloux, les actrices femmes de ménage et le théâtre moral..... comme le gouvernement; de plus, l'on y lit des choses détestables et l'on y imprime des ouvrages toujours inédits.

CHAPITRE XX.

Lanternia, la ville folle, possède une compagnie de littérateurs : à part quelques noms justement célèbres, elle est envahie par la médiocrité.

Le plus grand poëte du royaume des Lanternes a échoué vingt fois avant de pouvoir y entrer. Comme c'est une compagnie littéraire, le meilleur titre pour y parvenir est d'avoir mal écrit, ou, ce qui est mieux, de ne pas avoir écrit du tout.

Cette compagnie rappela à Naïf la célèbre Académie française, qui avait préféré un Flourens à un Victor Hugo, un Ballanche à un Béranger, un Patin à un Alfred de Vigny.

Ce qui prouve que le béotisme est de tous les pays et que le royaume des Lanternes trouverait des pendants en Europe.

CHAPITRE XXI.

PÉNALITÉS LITTÉRAIRES.

Il existe à Lanternia un tribunal littéraire qui distribue également des récompenses et des punitions.

L'auteur du plus mauvais ouvrage publié dans l'année est condamné à la peine de mort... civile;

L'auteur ennuyeux, à un temps proportionné de lecture d'auteurs plus ennuyeux encore que lui, et à la confiscation de cinquante exemplaires de ses ouvrages, destinés aux supplices de ses confrères.

A Paris, si une pareille loi existait, M. le vicomte de Walsh serait con-

damné à un an de lecture de d'Arlin-
court ;

Théophile Gautier, à trois mois de lecture du *Manuel du Tapissier* ;

De Girardin (Lamothe), à la lecture à
perpétuité du *Globe-Cassagnac* ;

Cassagnac, à la lecture à perpétuité
de *la Presse-Flouardin-Girardin-La-
mothe* ;

Bertin-Judas, Cuvillier-Judas, Cheval-
lier-Judas, Lherminier-Judas, Mérilhou-
Judas, Barthe-Judas, à la lecture des
Débats à perpétuité ;

Léon de Chaumont, à trois mois de
Charles Marchal ;

D'après les lois lanterniennes,

Maurice Alhoy serait condamné à la
conversation de son ami Allard, de la
Préfecture de Police ;

Eugène Guinot, à la société de Pierre
Durand et de Paul Vermont ;

A. Delatour, à lire sa biographie;

De Balzac, à subir la littérature d'Anicet Bourgeois;

M. Mourier, à recevoir les pièces de Valory;

Victor Hugo, à lire *le Rhin;*

Lamartine, à préparer un discours pour son frère en poésie,

Roger de Beauvoir, à travailler avec Priva-Sion;

Jules Jannin, à chanter Debureau;

Eugène Scribe, à lire *le Mariage de raison;*

Georges Dairnvæll, à lire ce qu'il écrit sous le pseudonyme;

Eugène Mahon, à lire *Femmes et Fleurs;*

Alphonse Karr, à parler de son ami Gatayés;

Eugène Briffaut, à lire **Karr** à fond;

Le public, à ne lire ni MM.

Jules Janin,

L. et Ch. Desnoyers,

Guizot,

Maurice Alhoy,

L. de Chaumont,

Chaudes-Aigues,

A. Bourgeois,

Briffaut,

Alph. Karr

Et 3,000,000,000 d'auteurs plus opiacés les uns que les autres. — Je ne m'excepte pas, bien que je n'aie pris la plume que dans les meilleures intentions.

Lecteur, je t'en supplie, pardonne-moi; car, je l'avoue, si j'ai péché souvent par ennui, c'est par ma faute, ma faute et ma très-grande faute!

CHAPITRE XXII.

LE MOI.

Naïf, qui, comme vous le savez, est bon Français, se trouvait sans cesse étonné de rencontrer de si flagrantes analogies entre la France et le royaume des Lanternes.

L'égoïsme des Lanterniens le surprit. A l'époque des élections, il avait vu des hommes se moquer d'un candidat et lui donner leurs voix, et cela d'après les calculs suivants :

Les électeurs commerçants, bourgeois ou campagnards, pensaient qu'avec un *soi-disant* ami des *lampions* ils pouvaient obtenir :

L'un une bourse pour son fils ;

L'autre une perception, contribution ou rétribution ;

Le troisième donnait sa voix au *soi-disant* qui faisait exempter son fils du service militaire ;

Le quatrième votait pour les *lampions,* de peur de la guerre ;

Le cinquième, de peur de l'anarchie ;

Le sixième, de peur de la république ;

Le septième, de peur d'un gouvernement militaire ;

Le huitième, de peur des rois légitimes.

Le commerçant n'écoutait jamais ses convictions, mais toujours ses intérêts.

Les intérêts de localité étaient toujours en opposition avec l'intérêt commun.

« Pauvres gens ! se disait Naïf, ils croient travailler à leur intérêt et ne voient pas qu'ils se suicident eux-mêmes ! car, en supposant qu'un candidat ami des *lampions* puisse leur faire obtenir un bien-être matériel d'une année ou deux, ils sacrifient le présent à l'avenir; car voici ce que rapportent au pays les *soi-disant lampioniens :*

Quadruplation des impôts,

Servage de la justice,

Abaissement du pays,

Ruine du commerce,

Misère des classes ouvrières,

Paix toujours, mais paix honteuse,

Corruption et vénalité du pouvoir,

Vénalité et corruption des citoyens,

Abaissement de la marine,

Déconsidération des représentants du peuple,

Réalisation des projets d'ESCOBARD Ier,

Vassalité en faveur des Britanniskans,

Mensonges de la loi,

Triomphe du monopole,

Déification des fripons,

Mort de l'honneur national,

— du patriotisme,

— de la vertu civique et privée,

— du courage,

— des mœurs.

Et croyez-vous que Naïf exagère? — Non; car les faveurs que les *soi-disant* donnent aux privilégiés sont prises sur le budget.— Qui engraisse le budget? l'impôt. Pour satisfaire à la vénalité des électeurs égoïstes, il faut donc augmenter l'impôt.

Sous un gouvernement tyrannique, la justice n'a jamais été libre.

Voyez l'exemple de la France!

Sous Louis XIV, le Parlement, qui a osé combattre pour les intérêts du pays, a été chassé par le grand roi, qui n'eut pour faire cela qu'à paraître un fouet à la main.

Sous la République, l'ignoble Fouquier-

Tinville exécutait la pensée du dictateur (1).

Sous la Restauration, Bellart et Marchangy se sont acquis une déplorable célébrité.

Pendant le règne du JUSTE-milieu nous comptons

Les Persil,

Les Plougoulm,

Les Frank-Carré,

Les Partarieu-Lafosse,

Les Hébert,

Et tant d'autres asservisseurs de la pensée que la pudeur nous empêche de nommer.

Quand les *lampions* sont vendus à l'étranger, le pays qui les souffre devient lui-même vassal.

Dans un pays sans influence morale au

(1) Robespierre.

dehors et au dedans, le commerce souffre, languit et meurt.

Quand le commerce souffre, l'ouvrier meurt de faim.

On appelle cela avoir *la paix...* Mais est-elle glorieuse, honorable ou seulement supportable ? Non.

L'électeur qui vend son vote fait rejaillir sa honte sur le corps électoral tout entier, car il est cause de la nomination d'un homme qui ne représente que des intérêts privés et que le peuple renie pour son représentant.

Quant au reste, pourquoi me donnerais-je la peine de vouloir le prouver ? Ceux qui voient clair verront que Naïf appréciait avec justice ; les aveugles ne pourront être éclairés, et ceux qui ferment leurs yeux à la lumière ne m'entendront pas.

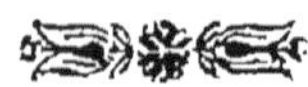

CHAPITRE XXIII.

DE LA MENDICITÉ.

Dans le royaume des Lanternes, la mendicité n'est permise qu'aux princes et aux grands de l'État ; c'est chez eux un privilége, tandis que c'est un crime chez les pauvres. Au fait, c'est juste.

> On couronne les conquérants,
> On condamne les voleurs,

et cela par une raison bien simple : c'est que s'emparer d'une province est faire en grand ce qu'un filou fait en petit.

La raison du plus fort est toujours la meilleure.

Un jour Naïf eut l'idée de publier une brochure sur la mendicité.

Le parquet du pays la fit saisir, sous le

prétexte qu'elle attaquait la *propriété*. Pour le lui prouver plus clairement, on condamna Naïf à méditer pendant trois mois dans une prison, et pour lui inspirer le respect dû à la propriété, on mit les griffes sur tout ce qu'il possédait, et, cela ne suffisant pas, on le retint en prison pendant un an.

Voici quelques fragments de l'œuvre subversive de Naïf :

De la mendicité (fragment).

« La mendicité est la lèpre des nations; cette maladie morale n'a pas d'agents plus dangereux que les factions; ses moyens les plus puissants sont le vol et le désordre des affaires publiques; la mendicité, enfin, ne subsiste que par l'indifférence des législateurs.

« Quand la mendicité s'accroît dans un royaume elle accuse les gouvernants, et, qu'ils y prennent garde! ces voix qui s'élèvent tous les jours des rues populeuses de la capitale, du fond des campagnes et de ces vastes tombes décorées du nom d'*hospices*, ces voix, lasses de se plaindre, peuvent rugir un jour sur la place publique.

« La mendicité est le résultat de la sourde conspiration des grands propriétaires, des *manipuleurs* d'argent et des industriels contre ceux qui n'ont rien.

« Que de malheureux ouvriers s'unissent pour obtenir un peu plus de pain, on les met en prison; mais quand les exploiteurs de l'humanité s'entendent entre eux pour dérober un peu de pain à l'ouvrier, et cela pour assouvir la soif de l'or qui les dévore, loin de se lever contre eux, la justice est muette, et cependant on proclame :

ÉGALITÉ POUR TOUS !

« Mensonge! mensonge! la loi est un cerbère qui aboie aux haillons et dont on ferme la gueule avec de l'or.

« Oui, les législateurs ont quelquefois pensé à *détruire* la mendicité..... en *détruisant* les mendiants.

« C'est un moyen comme un autre.

« Les mendiants choquent la vue de nos législateurs : aussi les arrêtés de police, les gendarmes du pays et les prisons répondent aux besoins des malheureux. On a pensé à punir : quand pensera-t-on à soulager?... — Ah! plus tard.

« Avant de songer à la mendicité, il aurait fallu songer au travail : s'en est-on occupé? — Ah! ah! plus tard.

« Mais croyez-vous aussi que le peuple puisse attendre toujours? Il est patient, il est vrai, mais son réveil est celui du lion, et vous savez que le lion n'est féroce que quand il a faim.

« Hommes d'État, ayez donc du cœur une seule fois ! que le travail soit honoré, la vieillesse respectée et l'infirmité soulagée.

« Représentants d'un pays libre, faites disparaître la servilité des premiers besoins ! L'esclavage moderne a pour base l'inégalité et la misère.

« Riches, offrez généreusement à vos frères qui souffrent une partie de vos richesses ! Soyez justes, c'est presque une restitution ; songez que vous pouviez naître pauvres ! Surtout quittez l'ostentation, ne faites pas d'aumônes, elles humilient ; répandez des bienfaits, et vous serez bénis.

« *La paix à tout prix* nous dévore : c'est pour la conserver que l'impôt grossit tous les jours.

« Le budget paie la trahison et l'avarice des marchands de conscience : qu'il serve aux besoins du peuple. Que tout grand propriétaire paie la dîme aux pauvres.

« Que la fortune ne soit plus un titre et la pauvreté un crime.

« Instituez des ateliers nationaux pour les hommes et pour les femmes : vous servirez à la fois l'humanité et les mœurs.

« Mais, si vous ne faites rien pour le peuple, vous avez tout à craindre de lui.

« Que penseriez-vous d'un homme qui n'aurait pas mangé depuis plusieurs jours et que l'on conduirait auprès d'une table splendidement servie où d'autres s'asseoiraient joyeusement, et, au lieu de lui offrir un peu de pain, se riraient de lui et lui diraient avec ironie : *Regarde!*

« Eh bien! vous faites tous les jours ainsi : vous vous asseyez au budget, vous vous gorgez et vous dites au peuple : *Regarde!*

« Soyez tranquilles ; il vous voit. »

. . . .

Je ne poursuis pas mes citations, et vous comprenez facilement que Naïf était un scélérat méritant au moins la peine de mort. Au lieu de s'attaquer aux abus, que ne disait-il avec Candide : « Tout est pour le mieux dans le meilleur des mondes possible? »

CHAPITRE XXIV.

LE FAIBLE DES FORTS.

Que penseriez-vous d'un homme qui,
pour vous défendre, vous mettrait le pis-
tolet à la gorge?

Les forts qui entourent Lanternia ont
la prétention de défendre la ville de la
même manière.

Ainsi un fort qui a cinq bastions en
tourne trois sur la ville et deux sur la
campagne, ce qui fait que si *vos* intentions étaient pures et que l'ennemi s'em-
parât d'un seul fort, il pourrait aussi pro-
téger Lanternia... comme l'Autriche pro-
tége l'Italie.

C'est le faible des forts.

L'enceinte continue est *à coucher* par
terre. *Amen.*

POST-FACE.

Je sais qu'il est de mauvais citoyens qui ont la faiblesse d'aimer leur pays et de ne pas professer beaucoup d'estime pour nos illustrissimes gouvernants : c'est à eux que je m'adresse ; car, en publiant l'*Histoire du royaume des Lanternes*, je m'attends à les voir chercher dans cet opuscule des allusions qui sont loin de ma pensée.

Les bienfaits que le gouvernement a daigné faire pleuvoir sur moi m'ont entièrement converti. Comment n'aurais-je pas été touché par

La saisie d'*Abracadabra*,

Le procès de *Je casse les vitres*,

Et ma condamnation à 500 francs d'amende et un mois de prison ?

Je me repens, et, pour le prouver, je

publie ma profession de foi, en attendant les éloges de MM. Lherminier, Guizot, Decazes, Delessert, Mérilhou, Barthe, Barthélemy et tant d'autres que mes concitoyens ont la petitesse d'appeler *rénégats...* quelle petitesse !

MA PROFESSION DE FOI

ou

LA PERTE DES ILLUSIONS.

(A LA LIADIÈRES.)

AIR de Mazaniello, les anguilles et les jeunes filles.

Bien longtemps, je vous le confesse,
Je fus un mauvais citoyen ;
Mais la liberté de la presse
M'a converti par ce moyen :
On me condamne à faire offrande
De cinq cents francs, — et ma raison
M'est rendue avec cette amende,
Les menus frais et la prison.
} *bis.*

A mes yeux, Guizot pour la France
A loyalement combattu ;
Paixhans est rempli de vaillance,
Girardin a de la vertu ;
De Martin la justice est grande ;
Hébert brille à notre horizon ;
Cela m'est prouvé par l'amende, } *bis.*
Les menus frais et la prison.

J'étais fou, j'étais anarchique,
J'osais même être bon Français ;
Aujourd'hui je suis monarchique,
Guizotin, royaliste, anglais.
Je veux enfin que l'on nous rende
Droit de visite et trahison.
On m'a converti par l'amende, } *bis.*
Les menus frais et la prison.

Des *Débats* la prose m'inspire,
Je souscris à M. Vatout,
Et je réclame avec délire
La paix toujours, la paix partout.
Il faut enfin que l'on m'entende,
Car j'ai retrouvé ma raison,
Avec les douceurs de l'amende, } *bis.*
Et les loisirs de la prison.

CONCLUSION.

Aujourd'hui, Naïf vient de revenir à Paris. Il a bien peur d'avoir pris des vessies pour des lanternes. Son ami Abracadabra a découvert, en lorgnant les étoiles :

Triomphe de l'égoïsme,

Cataclysme général,

Embrasement du Royaume des Lanternes.

A Paris on remarque à l'horison poindre le ministère monstre :

Polignac. — Soult. — Guizot. — Chantelauze. — Villemain. — Peyronnet. — Palmerston. — Raguse. — Martin (du Nord).

Malheureuse France! malheureux roi! et plus malheureux peuple !!!

FIN.

TABLE DES MATIÈRES.

FIN DE LA TABLE.

IMP. DE PECQUEREAU et Cie, rue de la Harpe, 32.

www.ingramcontent.com/pod-product-compliance
Ingram Content Group UK Ltd.
Pitfield, Milton Keynes, MK11 3LW, UK
UKHW022309070726
13614UKWH00002B/628